MINISTÈRE DE LA MARINE ET DES COLONIES.

INSTRUCTION

CONCERNANT

LE SERVICE DES TRAITES DE LA MARINE.

12 AOÛT 1880.

PARIS.
IMPRIMERIE NATIONALE.

1880.

N° 5120 de la Nomenclature des Documents.

MINISTÈRE DE LA MARINE ET DES COLONIES.

INSTRUCTION

CONCERNANT

LE SERVICE DES TRAITES DE LA MARINE.

12 AOÛT 1880.

PARIS.

IMPRIMERIE NATIONALE.

1880.

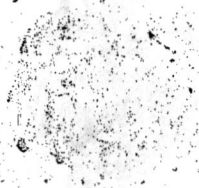

MINISTÈRE
DE
LA MARINE
ET
DES COLONIES.

5e DIRECTION.
COMPTABILITÉ GÉNÉRALE.
2e BUREAU.
Dépenses d'outre-mer.

2e DIRECTION.
MATÉRIEL.
3e BUREAU.
Approvisionnements généraux de la flotte.
1er BUREAU.
Constructions navales et travaux hydrauliques.
2e BUREAU.
Artillerie.

3e DIRECTION.
SERVICES ADMINISTRATIFS.
3e BUREAU.
Solde, habillement et revues.
4e BUREAU.
Subsistances et hôpitaux.

CONTRÔLE CENTRAL.

Paris, le 12 août 1880.

LE MINISTRE DE LA MARINE ET DES COLONIES

A Messieurs les Vice-Amiraux commandant en chef, Préfets maritimes;

Commissaires généraux de la marine;

Officiers généraux, supérieurs et autres commandant à la mer;

Gouverneurs et Commandants des colonies;

Inspecteurs des services administratifs et financiers de la marine et des olonies;

Consuls généraux et Consuls de France.

1. Instruction concernant le service des traites de la marine.

MESSIEURS, les ordonnances du 13 mai 1838 et du 7 novembre 1845 ont constitué le service des traites de la marine sur des bases dont l'expérience a permis d'apprécier la solidité. Leurs dispositions essentielles sont restées intactes ; elles satisfont aujourd'hui encore aux exigences de la bonne exécution et du contrôle des dépenses effectuées à l'extérieur pour les besoins des bâtiments de l'État.

Les détails de cet important service ont été réglés par la circulaire du 30 novembre 1845, dont certaines prescriptions ont été successivement modifiées ou complétées au fur et à mesure que la nécessité s'en est fait sentir.

Il m'a paru indispensable de coordonner en une nouvelle instruction les règles actuellement en vigueur, afin de faciliter aux tireurs des traites l'accomplissement des obligations qui leur incombent. Tel est l'objet de la présente circulaire, dans laquelle sont exposées les principales opérations concernant la liquidation, le payement et la justification des dépenses de la flotte à l'extérieur.

Vous trouverez à la suite, en annexes, la collection des modèles d'états destinés à remplacer ceux qui étaient joints à la circulaire du 30 novembre 1845.

2. Signatures-types.

Au départ des bâtiments, les officiers appelés à concourir à l'émission des traites apposent leurs signatures-types sur une feuille qui doit être transmise sans retard au Ministre, après que ces signatures ont été légalisées par le commissaire aux armements.

3. Délivrance des formules de traites.

Le magasin des imprimés (détail des approvisionnements) délivre aux commandants en chef et aux commissaires des escadres et divisions navales, aux conseils d'administration ou aux capitaines comptables des bâtiments naviguant isolément, un nombre de formules de traites proportionné à la nature et à la durée de la campagne, en même temps que les autres imprimés nécessaires à ce service (1). Il en est donné reçu par qui de droit.

Lesdites formules sont immédiatement renfermées dans la caisse de sûreté, en présence du commandant; elles n'en doivent être extraites qu'avec son autorisation, au fur et à mesure des besoins. Si, en cours de campagne, l'envoi de nouvelles formules devient nécessaire, la demande en est adressée au Ministre sous le timbre: Comptabilité générale: Dépenses d'outre-mer. *A la rentrée des bâtiments en France, il est fait remise au magasin des imprimés des formules qui n'auront pas été employées (2).*

4. Registre des traites.

Les commissaires d'escadres ou de divisions navales, les officiers d'administration et les capitaines-comptables reçoivent également au départ un registre (modèle n° 1), coté et paraphé par le commissaire général du port d'armement ou de départ. Ils inscrivent sur ce registre les états de liquidation et, en regard, les traites émises (3).

5. Payement de la solde et des accessoires de solde. — Change des monnaies étrangères.

L'article 246 du Règlement financier du 14 janvier 1869 a consacré le principe admis dès 1824 et maintenu par la circulaire du 30 novembre 1845, à savoir que les monnaies étrangères employées à des payements de solde, de traitement de table et autres allocations personnelles, doivent être calculées sur le pied de leur valeur intrinsèque.

Lorsque cette opération donne lieu à un bénéfice au change, le montant en doit être compris aussitôt dans une traite d'égale somme à délivrer à l'ordre du caissier-payeur central et qui est adressée directement au Ministre de la marine (bureau des dépenses d'outre-mer), *pour être transmise par lui à ce comptable. Les fonds dont il s'agit sont employés à l'acquittement de dépenses immédiates du bord, de telle sorte que la*

---

(1) Règlement d'armement, édition de 1862.

(2) Circulaire du 20 octobre 1843. (*Bull. offic.* refondu, III, p. 705.)

(3) Ordonnance du 7 novembre 1845, art. 11. — Règlement du 14 janvier 1869, art. 244.

traite, l'état constatant le bénéfice obtenu (modèle *n° 9*) *et les pièces de dépenses qui s'y rapportent puissent parvenir à Paris simultanément (1).*

Il est procédé de la même manière pour les produits de vente en cours de campagne d'objets hors de service, dont le montant est également attribué au Trésor public (2).

En cas de perte au change, il doit être fourni un état justificatif (modèle n° 8). Aux états justificatifs de bénéfice ou de perte doivent être joints, soit les certificats authentiques de change, soit les copies ou extraits des conventions spéciales passées avec les bailleurs de fonds (3).

*L'exacte détermination de la valeur intrinsèque a soulevé parfois des hésitations provenant de ce que les autorités de bord ne trouvaient pas dans des recueils statistiques, tels que l'*Annuaire du bureau des longitudes *et l'*Annuaire des marées, *des indications concordantes en ce qui concernait certaines monnaies. D'autre part, il est constant que par suite des profondes modifications introduites dans le régime monétaire de divers pays, principalement en ce qui touche les monnaies d'argent, la valeur intrinsèque de ces monnaies n'est plus ce qu'elle était aux époques antérieures. Il a donc paru juste de modifier des évaluations anciennes, afin de mettre, autant que possible, les prescriptions réglementaires en harmonie avec la réalité des faits nouveaux et d'éviter ainsi aux états-majors et aux équipages les pertes provenant, dans certains cas, de l'application d'un système qui a, au contraire, pour but de leur assurer, à l'étranger, le payement intégral des allocations auxquelles ils ont droit.*

J'ai fait dresser un tableau présentant les évaluations qui doivent être prises pour base des payements de solde et d'accessoires de la solde effectués en monnaie étrangère dans les lieux ordinaires de station ou de relâche. Ce tableau vous est adressé en même temps que la présente circulaire. Les changements qu'il pourra y avoir lieu d'y apporter ultérieurement seront notifiés par la voie du Bulletin officiel.

6. Frais de séjour et frais de voyage.

Les frais de séjour à l'étranger ayant le caractère d'une allocation personnelle dont la quotité est établie en francs, *d'après le grade ou la fonction des ayants droit (4), il convient de décompter les monnaies étrangères qui servent à les acquitter sur le pied de leur valeur intrinsèque. Au contraire, lorsqu'il s'agit de frais de voyage, les monnaies doivent être comptées pour ce qu'elles ont coûté réellement.*

---

(1) (2) (3) Règlement du 14 janvier 1869, art. 246. — Circulaire du 25 février 1869.
(4) Circulaire du 17 novembre 1871. (*Bull. offic.*, p. 432.)

Je rappelle à cette occasion qu'aux termes de la circulaire du 17 novembre 1871, les autorités maritimes, coloniales et consulaires sont chargées d'assurer elles mêmes le payement du prix des passages et d'acquitter le montant des excédents de bagages à la charge de l'État. Ce n'est que dans les cas où il ne peut être procédé de la sorte qu'il y a lieu de mettre à la disposition des passagers la somme strictement nécessaire *pour qu'ils puissent solder eux-mêmes leurs frais de voyage. Cette recommandation ne concerne pas, d'ailleurs, seulement les traversées sur les paquebots, mais aussi les transports par chemins de fer.*

7. Modification des imprimés servant au payement de la solde et des accessoires de la solde.

Les imprimés actuellement en usage pour le payement de la solde et des accessoires ont été remaniés en tenant compte des changements consacrés par le décret du 1er juin 1875 (art. 181), aux termes duquel la déclaration de quittance des Conseils d'administration ou des capitaines comptables a été substituée, sur les états de traitement de table, aux émargements des chefs de gamelle, et par la loi du 5 août 1879, qui a élevé de 3 à 5 p. 0/0 le taux de la retenue à exercer sur les allocations de solde et de certains accessoires de la solde.

8. Adjudications. — Marchés de gré à gré. — Achats sur simple facture.

La circulaire du 30 novembre 1845 énonçait qu'aux termes des règlements en vigueur à cette époque, il devait être passé des marchés écrits pour les fournitures d'une valeur supérieure à 500 francs. Cette circulaire se référait à celle du 11 novembre 1844, laquelle n'avait fait que rappeler la disposition de l'article 56 de l'ordonnance du 31 mai 1838 sur la comptabilité publique, disposition reproduite dans l'article 36 du règlement financier du 31 octobre 1840. Aujourd'hui, en vertu du décret du 31 mai 1862 (art. 80) et du règlement financier du 14 janvier 1869 (art. 59), il peut être fait des travaux sur simple mémoire ou des achats sur simple facture jusqu'à concurrence de 1,000 francs.

Quant aux dépenses de matériel qui excèdent cette valeur, s'il résulte des actes précités (1) que les prescriptions concernant les adjudications et les marchés de gré à gré en France et en Algérie n'ont pas de caractère obligatoire pour les marchés à passer aux colonies ou à l'étranger, je ne puis que renouveler expressément aux administrations coloniales, ainsi qu'aux autorités de bord, la recommandation contenue dans la circulaire du 25 février 1869, en ce qui touche la convenance de recourir aux adjudications publiques toutes les fois que cela est possible, surtout dans les

---

(1) Décret du 31 mai 1862, art. 81. — Règlement du 14 janvier 1869, art. 60.

lieux de stations. Pour les marchés de gré à gré, on devra également faire appel à la concurrence, sauf le cas d'impossibilité absolue.

Il a été établi un imprimé spécial pour les marchés par adjudication (modèle n° 10). Le modèle n° 11 continuera d'être employé pour les marchés de gré à gré.

Au sujet des règles à suivre pour la passation des marchés à l'extérieur, et, notamment, pour la composition des commissions, il y a lieu de se reporter aux articles 339 à 348 de l'instruction du 1er octobre 1854 sur la comptabilité des matières, aux circulaires des 30 novembre 1865 (Bull. offic., *p. 401) et 14 septembre 1872* (Bull. offic., *p. 380), ainsi qu'aux articles 40 et suivants de l'instruction générale du 3 février 1875 sur la comptabilité des vivres à bord des bâtiments de la flotte.*

Les mêmes règles seront suivies pour les actes additionnels qu'il y aura lieu de passer, suivant les nécessités du service, à l'effet de modifier ou de proroger les marchés primitifs. En aucun cas, il ne devra être stipulé d'augmentation de prix, l'autorité maritime devant au contraire s'efforcer d'obtenir des conditions plus avantageuses. Il conviendra d'ailleurs de réserver à la sanction du Ministre l'approbation définitive des actes additionnels, sauf à les rendre immédiatement exécutoires dans les cas d'urgence.

Ces actes, dont les conditions ne peuvent être déterminées à l'avance, seront libellés à la main selon les circonstances.

Enfin, je renouvelle la recommandation sur laquelle insistait la circulaire du 30 novembre 1845, en ce qui touche l'utilité de stipuler que les fournitures auront lieu en poids, mesures et monnaies de France, toutes les fois que cela sera possible.

9. Nombre d'exemplaires de chaque marché.

Aux termes des dispositions actuellement en vigueur (1), les marchés doivent être établis, soit en deux, soit en trois expéditions originales revêtues des signatures des fournisseurs, des membres de la Commission et du commandant. Une de ces expéditions est remise au fournisseur ; une autre est jointe à la comptabilité de la division navale ou du bâtiment ; la troisième, qu'il y a lieu d'établir dans le cas seulement où le marché est passé en présence d'un consul, reste déposée à la chancellerie du consulat. Elle doit être annotée des observations prescrites par les art. 247

(1) Instruction du 1er octobre 1854, art. 345 et 348. — Décret du 20 mai 1868 sur le service à bord des bâtiments de la flotte, art. 247 et 617. — Circulaires des 30 novembre 1845, 24 novembre 1869 (*Bull. offic.*, 1871, 1er *semestre*, p. 302), et 9 septembre 1878 (*Bull. offic.*, p. 381.)

et 617 du décret du 20 mai 1868, en ce qui concerne la manière dont les conditions des marchés ont été remplies par les fournisseurs.

Indépendamment de ces expéditions originales, il doit être adressé au Ministre, par lettres spéciales, trois ou quatre ampliations, *suivant les cas, certifiées et visées ainsi que le prescrit la circulaire du 9 septembre 1878. Deux de ces ampliations sont transmises sous le timbre :* Comptabilité générale, Dépenses d'outre-mer; *les deux autres, ou une seule, pour les marchés les moins importants, doivent parvenir sous le timbre des* Services administratifs *ou du* Matériel, *selon l'objet des contrats.*

Pour les livraisons subséquentes faites, soit au bâtiment qui a passé le marché, soit à tout autre, il n'est pas nécessaire de joindre une nouvelle ampliation du marché.

Enfin, lorsque le marché sera appliqué à des dépenses d'un exercice suivant, une nouvelle ampliation certifiée sera fournie à l'appui du premier état de livraison de cet exercice. Ces dernières recommandations se trouvent reproduites à la fin du modèle n° 11.

10. Justification des marchés.

Je rappelle ici, en insistant sur l'intérêt qui s'attache à ce qu'elles soient très exactement observées, les instructions contenues dans les circulaires des 23 septembre 1868 (Bull. offic., *p. 470*), *24 novembre 1869* (Bull. offic., *p. 361*) *et 3 octobre 1879* (Bull. offic., *p. 617*). *Elles énoncent qu'aucun achat ne doit être autorisé que si l'approvisionnement des bâtiments ou les envois attendus de France ne permettent pas d'éviter cette dépense ; que les commandants doivent choisir pour se ravitailler les points de relâche qui offrent les conditions les plus avantageuses, tant pour le prix des objets à acheter que pour le placement des traites ; qu'il y a lieu de joindre aux états de liquidation,* quel que soit le degré d'importance des marchés :

1° S'il s'agit de bâtiments faisant partie d'une division navale, la copie des ordres du commandant en chef en vertu desquels ont eu lieu les achats et les travaux ;

2° S'il s'agit d'achats faits pour des besoins étrangers au bâtiment ou communs avec d'autres bâtiments, un état spécial indiquant la répartition des objets achetés entre les divers navires ;

3° Un rapport contenant tous renseignements propres à éclairer le Ministre sur les points suivants :

Les circonstances et les motifs par suite desquels le marché a été conclu ;

La destination des objets achetés ;

Les bases d'après lesquelles l'importance de la fourniture a été déterminée ;

Les dispositions prises pour traiter aux meilleures conditions possibles, en provoquant la concurrence toutes les fois qu'il y a possibilité de le faire ;

Les prix demandés par les divers concurrents ;

Les prix courants du commerce, dans la localité où le marché a été passé ;

Les prix du marché précédent, etc.

Lorsque, aux termes de leurs marchés, les fournisseurs sont tenus de fournir un cautionnement, il importe de joindre aux justifications du payement des fournitures la preuve que ce cautionnement a été réellement versé. Les pièces à produire en pareille circonstance sont, pour les colonies, les récépissés ou déclarations de versement à la caisse des trésoriers-payeurs et, pour les marchés passés à l'étranger, un certificat des agents consulaires constatant le dépôt entre leurs mains des sommes ou valeurs affectées aux cautionnements (1).

Conformément à une observation formulée par la Cour des comptes dans un référé du 24 août 1870, lorsque des marchés sont passés pour des livraisons de charbon, soit à quai, à un prix inférieur, soit au large, à un prix supérieur, et que c'est le prix le plus élevé qui est payé, il est nécessaire que le fait de la livraison au large *soit constaté par un certificat en due forme, attendu que le fait du payement ne saurait établir le droit (2).*

Il est du devoir des commandants de ne laisser monter à leur bord aucun pilote ou marin étranger, de n'accepter l'assistance d'aucun capitaine de navire du commerce, qu'après avoir fait prix avec eux. Ces officiers ne doivent s'écarter de cette recommandation que dans les cas où le taux du salaire attribué aux services dont ils ont besoin serait réglé par un tarif (3).

Il ne doit être émis de traites qu'après la liquidation des dépenses. Toute traite qui aurait été tirée par anticipation ou dont le chiffre au- 11. Émission des traites.

(1) Circulaire du 10 janvier 1866. (*Bull. offic.*, p. 4.)
(2) Circulaire du 22 février 1871. (*Bull. offic.*, p. 158.)
(3) Circulaire du 23 mai 1855. (*Bull. offic.*, p. 267.)

rait excédé le montant de la dépense liquidée, motive contre les tireurs une action en remboursement avec dommages et intérêts (1).

Il ne peut être fait qu'une seule exception à cette règle, en ce qui concerne les fonds de prévoyance dont il sera parlé ci-après.

12. Traites des colonies.

Dans les colonies, les traites sont émises par le trésorier-payeur avec l'attache du gouverneur, de l'ordonnateur et de l'inspecteur permanent des services administratifs et financiers (2). En cas d'absence de ce dernier fonctionnaire, il sera suppléé à sa signature par l'apposition du timbre de l'inspection.

Dans les colonies qui, aux termes du décret du 23 juillet 1879, n'ont pas d'inspecteur permanent, les traites continueront d'être tirées sous trois signatures.

13. Traites de bord.

Les traites sont émises, pour les escadres ou les divisions navales, par le commandant en chef et par le commissaire de l'escadre ou de la division; pour les bâtiments naviguant isolément, par le capitaine, l'officier chargé du détail et l'officier d'administration, dont les trois signatures sont nécessaires pour valider les traites (3).

Lorsqu'il n'existe point d'officier du commissariat à bord d'un bâtiment, mais que l'état-major est composé de trois officiers au moins, les traites sont émises par le capitaine, l'officier chargé du détail et l'officier désigné pour seconder le capitaine dans le service d'administration. Ces mêmes officiers doivent également signer les pièces justificatives des émissions (4).

Lorsque la composition de l'état-major du bâtiment ne permet de tirer les traites que sous les deux signatures du capitaine comptable et de l'officier chargé du détail, les formules des traites doivent être modifiées en conséquence.

Les capitaines comptables ne doivent tirer de traites sous leur unique signature que dans le cas où il n'y a pas d'autre officier à bord (5).

Les avis d'émission des traites doivent être adressés au département par la plus prochaine occasion.

---

(1) Ordonnance du 13 mai 1838, art. 2. — Décret du 31 mai 1862, art. 99. — Règlement du 14 janvier 1869, art. 243.

(2) Décret du 31 mai 1862, art. 95. — Règlement du 14 janvier 1869, art. 238.

(3) Décret du 31 mai 1862, art. 95. — Règlement du 14 janvier 1869, art. 238.

(4) Circulaire du 9 août 1865. (*Bull. offic.*, p. 52.) — Règlement du 14 janvier 1869, art. 238.

(5) Circulaire du 3 juillet 1867. (*Bull. offic.*, p. 3.)

Lorsque, dans des circonstances exceptionnelles, le départ subit des bâtiments ne permet pas de liquider toutes les dépenses du bord, les commandants doivent remettre aux consuls les pièces justificatives des payements restant à effectuer, notamment, pour les pilotages et remorquages, les certificats constatant le service fait. Les consuls comprennent le montant de ces reliquats dans leur propre comptabilité, avec les autres dépenses qu'ils sont appelés à faire pour le département de la Marine, et ils en sont remboursés sur le vu des pièces, au moyen d'ordonnances délivrées à Paris à leur profit. 14. Traites consulaires.

Si les avances à faire par les consuls pour le service de la flotte dépassent les ressources dont ils disposent, ils peuvent s'en couvrir au moyen de traites sur le Trésor (1).

Avant de procéder à leur émission, les consuls doivent, toutes les fois que les circonstances le permettent, en demander l'autorisation au Ministre de la marine.

Les avis et les pièces justificatives des traites sont adressés au département sous le timbre : Comptabilité générale, dépenses d'outre-mer. *Je ne saurais trop insister pour que l'envoi de ces documents ait lieu sans le moindre retard.*

Les traites sont tirées sur le caissier-payeur central du Trésor; elles doivent être établies par primata *et* duplicata, *à l'exception de celles émises dans les colonies ou qui ont pour objet l'envoi au Trésor d'un bénéfice au change. Elles sont payables à* un mois de vue (2), *à dater de l'acceptation du Ministre, et non à trente jours de vue, comme l'indiquent parfois des consuls qui ne possèdent pas de formules imprimées mentionnant la condition réglementaire.* 15. Dispositions communes aux diverses catégories de traites.

Il ne doit être établi qu'une seule série de numéros pour les traites d'un même exercice : le primata *et le* duplicata *de chacune d'elles doivent porter un numéro identique (3).*

Les commandants en chef des escadres ou des divisions navales et les capitaines des bâtiments doivent inscrire de leur main, et en toutes lettres, le montant de la traite à la suite de la mention : vu et approuvé pour la somme de...

Le commissaire d'escadre ou de division, l'officier d'administration ou le capitaine comptable confectionnaires de la traite ne doivent la signer

---

(1) Circulaire du 31 mars 1849. (*Bull. offic.*, p. 196.) — Décret du 31 mai 1862, art. 95. — Règlement du 14 janvier 1869, art. 248.

(2) Règlement du 14 janvier 1869, art. 239.

(3) Règlement du 14 janvier 1869, art. 247.

qu'après s'être assurés que son montant concorde avec le total net des dépenses faites et liquidées, et dont le détail figure en marge dans le tableau de l'imputation par chapitres. Cette concordance est attestée sur le registre d'émission des traites (modèle n° 1), par le commandant en chef, ou par le capitaine du bâtiment et par l'officier chargé du détail (1).

16. Dépenses faites à charge de remboursement.

Les avances de toute nature que les colonies, les escadres ou divisions navales, les bâtiments et les consulats se trouveraient dans la nécessité d'imputer provisoirement sur les chapitres du service marine pour le compte de marins du commerce, de particuliers, de départements ministériels ou d'autres services publics, devront être signalées dans un état spécial conforme au modèle n° 16 ci-annexé.

17. Bonification de 2 p. 0/0 sur le montant des avances consulaires.

Il est alloué aux consuls, à titre de frais de recouvrement, une bonification de 2 p. 0/0 sur le montant des avances dont ils sont remboursés à Paris au moyen d'ordonnances directes (2). J'insiste sur l'intérêt qui s'attache pour les consuls à l'envoi de pièces justificatives parfaitement en règle, puisque cette condition venant à faire défaut, l'ordonnancement s'en trouve nécessairement retardé. Je rappellerai, notamment, que les pièces écrites en langue étrangère doivent toujours être accompagnées d'une traduction (3).

La bonification de 2 p. 0/0 n'est pas due pour les avances dont les consuls se sont couverts au moyen de traites, sauf à ces agents à produire un bordereau dûment certifié des frais que la négociation de ces valeurs a pu leur occasionner (4). Ces frais sont imputables au chapitre XVI, *article 3.* (Dépenses diverses à l'extérieur.)

18. Quittances des fournisseurs et des bailleurs de fonds.

Dans les pays étrangers, les traites peuvent être délivrées, soit à l'ordre des fournisseurs directement, soit à l'ordre de bailleurs de fonds.

Dans le premier cas, les fournisseurs doivent apposer leur acquit sur les états de payement ou sur les factures, sans qu'il soit nécessaire de réclamer d'eux un reçu spécial de la traite.

Lorsque les traites sont délivrées à l'ordre de bailleurs de fonds, deux sortes de justifications sont obligatoires. Les tireurs doivent, d'une part, se faire remettre par le bailleur de fonds un reçu, en double expédition,

---

(1) Circulaires des 20 octobre 1843 (*Bull. offic.*, refondu, III, p. 705) et 30 novembre 1845. — Règlement du 14 janvier 1869, art. 244.

(2) Ordonnance du 7 novembre 1845, art. 10.

(3) Circulaires des 31 mars 1849 et 10 mars 1869.

(4) Circulaire du 31 mars 1849.

de la traite; l'une de ces expéditions est conservée à l'appui de la comptabilité du bord, l'autre est adressée au Ministre avec l'avis d'émission.

D'autre part, les factures ou les états de payement doivent être revêtus des quittances des créanciers réels du Trésor (1).

Il n'y a pas lieu de faire signer ces états par les bailleurs de fonds, ainsi que les circulaires du 30 novembre 1845 et du 10 janvier 1866 l'avaient ordonné.

19. Quittances des parties prenantes empêchées de signer ou dont les signatures doivent être avérées.

Lorsque les parties prenantes se trouvent hors d'état de souscrire l'acquit des sommes qui leur sont payées, il doit y être suppléé par des déclarations motivées, signées des membres du Conseil d'administration du bord.

Les signatures données par des ayants droit de nationalité chinoise, japonaise, arabe, etc., doivent être avérées par l'autorité consulaire du lieu. A défaut, les payements sont certifiés par deux témoins qui peuvent être pris dans le personnel du bord (2).

Il importe que ces règles soient observées scrupuleusement. L'apurement des comptabilités des bâtiments donne lieu de constater que les acquits manquent assez fréquemment. Or, il devient parfois très difficile, sinon même impossible, de se les procurer après un certain laps de temps, lorsque les bâtiments ne se trouvent plus sur les lieux. De là, plus tard, des injonctions de la Cour des comptes, auxquelles le Département n'a pas les moyens de satisfaire.

20. Procurations des parties prenantes.

La même observation s'applique aux quittances qui sont données très souvent par les mandataires des bailleurs de fonds et des fournisseurs, sans qu'aucune pièce établisse que ces personnes avaient qualité pour signer au lieu et place des créanciers réels. Il est indispensable de produire la procuration du titulaire de la créance, ou, à défaut, telle autre pièce pouvant en tenir lieu, délivrée soit par le consul, soit par une des autorités locales.

21. Certificats de prise en charge.

Les états de liquidation des fournitures doivent toujours être revêtus de la mention de prise en charge par les comptables intéressés. Cette formalité est omise trop fréquemment; il importe de veiller à ce qu'elle soit exactement accomplie.

---

(1) Règlement du 14 janvier 1869, art. 239. — Circulaire du 25 février 1869, titre X, 2e partie.

(2) Circulaire du 13 janvier 1869. (*Bull. offic.*, p. 8.)

22. Grattages; surcharges.

Il est essentiel de s'abstenir de grattages et de surcharges sur les pièces comptables ainsi que sur les traites. Lorsqu'il y a lieu d'opérer une rectification, les mots ou les chiffres à modifier doivent être biffés par un trait de plume et remplacés par les énonciations reconnues exactes. La substitution en interligne ou par renvoi doit être approuvée et signée ou paraphée par qui de droit (1).

23. Envoi des pièces justificatives.

Les envois des pièces justificatives des dépenses doivent être effectués par les administrations coloniales à la fin de chaque mois. Les officiers commandants doivent saisir les plus prochaines occasions pour transmettre ces justifications au Ministre (2).

Ces transmissions sont faites par lettres spéciales des gouverneurs et des commandants, sous le timbre : Comptabilité générale, dépenses d'outre-mer, *et, en ce qui concerne les ampliations des marchés, sous le timbre de la direction compétente, ainsi qu'il a été dit plus haut (§ 9).*

L'état récapitulatif à dresser suivant les indications du modèle n° 16, et dans lequel sont résumées les dépenses par chapitres, doit toujours mentionner le nombre des pièces produites à l'appui des payements.

En vue de simplifier le travail des écritures, il a été prescrit de ne plus dresser de duplicata *des pièces de dépenses; mais il y a lieu de transmettre, par une autre occasion, avec le* duplicata *des avis de traites, un bulletin indicatif desdites pièces et de la voie par laquelle elles sont expédiées (3).*

24. Fonds de prévoyance.

L'article 238 du règlement financier du 14 janvier 1869 dispose que « lorsqu'il est exceptionnellement embarqué des fonds de prévoyance pour « subvenir à l'acquittement des dépenses des bâtiments, l'emploi en est « suivi et justifié conformément aux articles 474 et 475 du décret de « 11 août 1856 ».

Cette dérogation au principe en vertu duquel aucun payement ne peut être effectué que pour l'acquittement d'un service fait, ni aucune traite émise qu'après la liquidation des dépenses, est de nature, ainsi que l'a énoncé la circulaire du 6 juillet 1854, « à créer de nombreux embarras « d'administration et de comptabilité, et à soulever de sérieuses questions « de responsabilité personnelle ».

Je renouvelle donc les instructions de mes prédécesseurs qui prescrivent

---

(1) Circulaire du 10 novembre 1845. (*Annales maritimes*, p. 928.) — Règlement du 14 janvier 1869, art. 81.

(2) Règlement du 14 janvier 1869, art. 245.

(3) Circulaire du 20 juin 1872. (*Bull. offic.*, p. 662.)

de ne faire usage de fonds de prévoyance qu'après en avoir obtenu l'autorisation du Ministre (1).

25. Suite donnée aux décisions d'apurement.

Les résultats de l'apurement des dépenses de l'extérieur opéré par les soins de l'administration centrale sont notifiés par des dépêches qui signalent, le cas échéant, les irrégularités qui ont été relevées. Il est très important que les colonies, les divisions navales et les ports comptables fournissent, dans le plus bref délai possible, les pièces ou explications qui leur sont réclamées. Le bon ordre du service, la sauvegarde de la responsabilité des tireurs de traites sont également intéressés à ce que prompte satisfaction soit donnée aux exigences des règlements.

Les commissions spéciales chargées du jugement administratif des comptes des bâtiments armés (2) ne doivent pas négliger de réclamer la communication des dépêches notificatives des apurements, afin de s'assurer que les irrégularités ont été réparées, que les justifications complémentaires ont été produites et que les tireurs de traites ont remboursé au Trésor les sommes laissées à leur charge; le rapport du conseil d'administration du port doit mentionner les observations qu'aura suggérées l'examen de cette partie importante de la comptabilité des bâtiments.

Vous voudrez bien, Messieurs, tenir la main, chacun en ce qui vous concerne, à la scrupuleuse exécution des règles rappelées dans la présente circulaire.

Recevez, etc.

Le Ministre de la Marine et des Colonies,

Signé: JAURÉGUIBERRY.

---

(1) Circulaires du 6 juillet 1854 (*Bull. offic.*, p. 96.) et du 28 juin 1871 (*Bull. offic.*, p. 305).

(2) Instruction du 1er octobre 1854, art. 426. — Décret du 11 août 1856, art. 617, § 5.

ANNEXES.

NUMÉROS.	NOMENCLATURE DES MODÈLES.
1	Registre ayant pour objet de justifier l'émission des traites de bord.
2	État nominatif pour servir au payement de la solde et des accessoires de la solde de MM. les officiers et des indemnités payables comme la solde.
3	État pour servir au payement d'acompte de traitement de table.
4	État de l'effectif des officiers-mariniers et marins composant l'équipage, pour servir au payement de la solde et des accessoires de solde.
5	État de journées de malades et de frais de sépulture.
6	État des sommes payées pour salaires d'ouvriers, frais de pilotage, frais de subsistance et de rapatriement de marins naufragés, frais de passage et de vacations, frais de quarantaine et de patentes de santé, et autres dépenses diverses.
7	État justificatif des dépenses résultant de fournitures (médicaments, vivres, munitions, etc.).
8	État constatant la perte au change des monnaies étrangères employées aux payements de solde et accessoires de la solde faits à l'état-major et à l'équipage.
9	État constatant le bénéfice obtenu sur les monnaies employées aux payements de solde et accessoires de la solde faits à l'état-major et à l'équipage.
10	Marché pour fournitures par adjudication publique.
11	Marché de gré à gré pour fournitures.
12	Modèle de traite de colonies.
13	——————— d'escadres ou de divisions.
14	——————— de bâtiments.
15	——————— de consuls.
16	État des dépenses acquittées par le service marine à charge de remboursement.
17	État récapitulatif des dépenses.

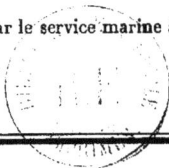

EXERCICE 188 .

ART. 11 de l'ordonnance royale du 7 novembre 1845.

NOTA. Ce registre, coté et parafé par le commissaire général du port d'armement, sera tenu par l'officier d'administration ou par le commissaire d'escadre ou de division, par lesquels il sera arrêté à la fin de chaque mois; et, suivant qu'il y aura lieu, cet arrêté sera vérifié par l'officier chargé du détail, et visé et approuvé par le capitaine ou l'officier général commandant en chef.

MARINE ET COLONIES.

(DÉPENSES D'OUTRE-MER.)

CIRCULAIRE du 12 août 1880.

MODÈLE N° 1.

REGISTRE ayant pour objet de justifier l'émission des traites de bord.

DÉPENSES FAITES ET RECONNUES.		NOMBRE de PIÈCES produites à l'appui de chaque état.	DATES des LETTRES de transmission de pièces au Ministre.	INDICATION DE LA VOIE par laquelle les pièces ont été transmises.	TRAITES ÉMISES EN ACQUIT DES DÉPENSES EFFECTUÉES.					OBSERVATIONS.
Dates des états de liquidation.	Montant net des dépenses par chapitre.				N^os des traites	Lieux d'émission.	Dates.	Montant.	Division par chapitre.	
				MOIS d						

PORT
dans lequel
le rôle de l'équipage est tenu :

Rade ou Mouillage

d

MARINE ET COLONIES.

(DÉPENSES D'OUTRE-MER.)

CIRCULAIRE
du 12 août 1880.

MODÈLE N° 2.

EXERCICE 188 .

A remplir par le port où compte le bâtiment. { Vérifié et apostillé sur le rôle
le 188...
Le Commissaire aux armements

. — CHAPITRE . — ARTICLE .

Désigner le bâtiment.

Indiquer le nom et le grade du commandant.

ÉTAT NOMINATIF pour servir au payement de la solde et des accessoires de solde de MM. les officiers, et des indemnités payables comme la solde pendant le mois d

FOLIOS du RÔLE.	NOMS ET PRÉNOMS.	GRADES et EMPLOIS.	MOUVEMENTS et MUTATIONS.	SOMMES ACQUISES								SOMMES PASSIBLES de la retenue (Circulaire du 22 août 1879.)		TOTAL.
				POUR SOLDE			POUR SUPPLÉMENT		INDEMNITÉ de logement.	FRAIS de bureau.	FRAIS de représentation.			
				de présence.	d'absence, en congé.	d'absence, à l'hôpital.	à la mer.	pour fonctions spéciales.				De 3 p. o/o.	De 5 p. o/o.	
1	2	3	4	5	6	7	8	9	10	11	12	13	14	15
											À REPORTER........................	....	....	....

	SOMMES PASSIBLES DE LA RETENUE de 3 p. o/o.	SOMMES PASSIBLES DE LA RETENUE de 5 p. o/o.	TOTAL.
REPORT......................			
A AJOUTER :			
Abonnements pour fonds de musique..............................			
Première mise aux premiers maîtres promus officiers. (Nombre)..........			
....			
A DÉDUIRE :			
Retenues... pour délégations..............................			
Retenues... pour dettes à l'État..............................			
....			
RESTE à payer..........................			
A DÉDUIRE : au profit de la caisse des Invalides......			
SOMME NETTE..........................			

CERTIFIÉ par nous (1) le présent état, s'élevant à la somme brute de que nous déclarons avoir reçue.

Fait au mouillage d , le 188 .

(1) Membres du conseil d'administration, capitaine comptable ou commandant le détachement.

VU, VÉRIFIÉ et ARRÊTÉ par nous (2) le présent état, dont la somme nette a été comprise dans la traite de ce jour, n° , délivrée à l'ordre de

Fait au mouillage d , le 188 .

(2) Commissaire d'armée, d'escadre ou de division, membres du conseil d'administration, ou capitaine comptable.

EXERCICE 188 .

(2) PORT

d

(1) Indiquer l'espèce et le nom du bâtiment.

(2) Indiquer le port où compte le bâtiment.

(3) Indiquer la localité où la dépense a été effectuée.

(4) A remplir par le port où compte le bâtiment.

MARINE ET COLONIES.

(DÉPENSES D'OUTRE-MER.)

(1) *L*

commandé par M.

CHAPITRE IV. — ÉTATS-MAJORS ET ÉQUIPAGES À TERRE ET À LA MER.

ARTICLE Ier. — SOLDE ET ACCESSOIRES DE LA SOLDE.

CIRCULAIRE du 12 août 1880.

MODÈLE N° 3.

MOIS

d

(3) RADE ou MOUILLAGE

d

(4) Vérifié et apostillé sur le rôle.

Le 188 .

Le

ÉTAT pour servir au payement d'acomptes de traitement de table.

FOLIOS du RÔLE. 1	INDICATION DE LA TABLE. 2	NOMS ET GRADES DES CHEFS DE GAMELLE. 3	DÉCOMPTE des ALLOCATIONS. 4	ACOMPTES PAYÉS. 5	OBSERVATIONS. 6

FOLIOS du RÔLE. 1	INDICATION DE LA TABLE. 2	NOMS ET GRADES DES CHEFS DE GAMELLE. 3	DÉCOMPTE des ALLOCATIONS. 4	ACOMPTES PAYÉS. 5	OBSERVATIONS. 6
		TOTAL.........			
		A déduire les 3 p. o/o des Invalides.....			
		SOMME NETTE.........			

ARRÊTÉ le présent état montant à la somme brute de
que nous déclarons avoir reçue.

Rade ou Mouillage de , le 188 .

VU et VÉRIFIÉ :

L'Officier chargé du détail, *L'Officier d'administration,*

VU et CERTIFIÉ :

Le Commandant,

La somme nette ci-dessus mentionnée de
est comprise dans la traite de ce jour,
n° , délivrée à l'ordre de
A , le 188

(1)

(1) Le commissaire d'escadre *ou* le commissaire *ou* le sous-commissaire de division, *ou* l'officier d'administration, l'officier chargé du détail, le commandant *ou* le capitaine comptable.

PORT
dans lequel
le rôle d'équipage est tenu :

Rade ou Mouillage

d

MARINE ET COLONIES.

DÉPENSES D'OUTRE-MER.

EXERCICE 188 .

CHAPITRE . — ARTICLE

Indiquer le nom et le grade du commandant...

CIRCULAIRE
du 12 août 1880.

MODÈLE N° 4.

A remplir par le port où compte le bâtiment.

VÉRIFIÉ et apostillé sur le rôle
Le 188 .
Le Commissaire aux armements.

ÉTAT DE L'EFFECTIF, au 188 , des officiers-mariniers et marins composant , pour servir au payement de la solde et des accessoires de solde pendant

DÉSIGNATION DES GRADES ET DES CLASSES. 1		EFFECTIF. 2	NOMBRE de JOURNÉES. 3	QUOTITÉ JOURNALIÈRE des allocations. 4	DÉCOMPTE EN DENIERS. 5
ÉQUIPAGE.					
Premiers maîtres, etc. etc.	de 1re classe				
	de 2e classe				
Maîtres, etc. etc.	de 1re classe				
	de 2e classe				
Seconds maîtres, etc. etc.	de 1re classe				
	de 2e classe				
Quartiers-maîtres, etc. etc.	de 1re classe				
	de 2e classe				
Fourriers ordinaires					
Matelots	de 1re classe				
	de 2e classe				
	de 3e classe				
Novices et apprentis marins					
Mousses					
....					
MÉCANICIENS.					
Premiers maîtres mécaniciens	de 1re classe				
	de 2e classe				
Maîtres mécaniciens					
Seconds maîtres mécaniciens	de 1re classe				
	de 2e classe				
Quartiers-maîtres mécaniciens	de 1re classe				
	de 2e classe				
Ouvriers chauffeurs	de 1re classe				
	de 2e classe				
	de 3e classe				
....					
SURNUMÉRAIRES.					
Magasiniers	à				
	à				
Premiers commis aux vivres	de 1re classe				
	de 2e classe				
Seconds commis aux vivres	de 1re classe				
	de 2e classe				
Agents inférieurs des vivres	de 1re classe				
	de 2e classe				
Forgerons et chaudronniers					
Agents de service					
....					
RAPPELS DE DIFFÉRENCES DE SOLDE.					
....		//			
....		//			
A REPORTER					

	NOMBRE de JOURNÉES. 1	QUOTITÉ JOURNALIÈRE des allocations. 2	DÉCOMPTE EN DENIERS. 3
REPORT......................	//	//	//
ACCESSOIRES DE SOLDE.			
Hautes payes journalières....................................		0. 60 0. 50 0. 40 0. 30 0. 25 0. 22	
Suppléments divers à raison de fonctions spéciales....................		1. 80 1. 00 0. 90 0. 80 0. 75 0. 60 0. 50 0. 40 0. 35 0. 30 0. 25 0. 20 0. 15 0. 10	
Indemnités..... aux maîtres chargés..............................			
au vaguemestre....................................			
....			
pour frais de bureau..............................			
Gratifications aux instructeurs..................................	//	//	
Primes de réadmission. Premières annuités. (Nombre .)............	//	//	
Allocations journalières.................			
Première mise d'équipement aux seconds maîtres et maîtres promus à un grade supérieur.......................................			
TOTAL.....................			
A DÉDUIRE...... pour délégations.......................................			
pour retenue d'habillement....................................			
pour apostilles diverses..			
......			
......			
RESTE À PAYER....................			
A DÉDUIRE : 3 p. o/o au profit de la caisse des Invalides...............			
SOMME NETTE....................			

CERTIFIÉ par nous (1) le présent état, s'élevant à la somme brute de que nous déclarons avoir reçue.

Fait au mouillage d , le 188 .

VU, VÉRIFIÉ et ARRÊTÉ par nous (2) le présent état, dont la somme nette de a été comprise dans la traite de ce jour, n° délivrée à l'ordre de

Fait au mouillage d , le 188 .

(1) Membres du conseil d'administration, capitaine comptable ou commandant le détachement.

(2) Commissaire d'armée, d'escadre ou de division, membres du conseil d'administration ou capitaine comptable.

EXERCICE 188 .

(2) PORT

d

(1) Indiquer l'espèce et le nom du bâtiment.

(2) Indiquer le port où compte le bâtiment.

(3) Indiquer la localité où la dépense a été effectuée.

MARINE ET COLONIES.

(DÉPENSES D'OUTRE-MER.)

(1) *L*

commandé par M.

CHAPITRE . — HÔPITAUX.

ARTICLE . — TRAITEMENT DE MALADES HORS DES ÉTABLISSEMENTS DE LA MARINE.

CIRCULAIRE du 12 août 1880.

MODÈLE N° 5.

MOIS

d

(3) RADE ou MOUILLAGE

d

ÉTAT des journées de malades traités à et frais de sépulture.

NOMS ET PRÉNOMS.	GRADES et QUALITÉS.	JOURS			NOMBRE de journées	PRIX de la journée.	MONTANT		TOTAL	OBSERVATIONS.
		D'ENTRÉE.	de SORTIE.	de DÉCÈS.			des journées de traitement.	des FRAIS de sépulture.		NOTA. Joindre les reçus ou quittances des directeurs ou économes des hôpitaux ou maisons de santé où les malades ont été traités, si l'acquit n'est pas donné sur le présent état.
1	2	3	4	5	6	7	8	9	10	11

NOMS ET PRÉNOMS.	GRADES et QUALITÉS.	JOURS d'ENTRÉE.	JOURS de SORTIE.	JOURS de DÉCÈS.	NOMBRE de journées	PRIX de la journée.	MONTANT des journées de traitement.	MONTANT des FRAIS de sépulture.	TOTAL	OBSERVATIONS. NOTA. Joindre les reçus ou quittances des directeurs ou économes des hôpitaux ou maisons de santé où les malades ont été traités, si l'acquit n'est pas donné sur le présent état.
1	2	3	4	5	6	7	8	9	10	11
TOTAL BRUT............										
A déduire les 3 p. o/o des Invalides............										
SOMME NETTE............										

ARRÊTÉ le présent état montant à la somme brute de

le 188 .

VU et VÉRIFIÉ :

L'Officier chargé du détail, *L'Officier d'administration,*

VU et CERTIFIÉ :

Le Commandant,

La somme nette ci-dessus mentionnée de

est comprise dans la traite de ce jour

n° délivrée à l'ordre de

A le 188 .

(1)

Pour acquit :

(1) Le commissaire d'escadre *ou* le commissaire *ou* le sous-commissaire de division, *ou* l'officier d'administration, l'officier chargé du détail, le commandant *ou* le capitaine comptable.

PORT (1)

d

CIRCULAIRE
du 12 août 1880.

MODÈLE N° 6.

EXERCICE 188 .

Mois d

RADE
ou MOUILLAGE (3)
d

(1) Indiquer le port où compte le bâtiment.
(2) Indiquer l'espèce et le nom du bâtiment.
(3) Indiquer la localité où la dépense a été effectuée.
(4) NOTA. Indépendamment de la dépense relative aux *salaires d'ouvriers*, on devra comprendre dans ce cadre toutes les dépenses faites en vertu de conventions verbales, prix débattus ou d'après les tarifs établis, telles que frais de pilotage, frais de subsistance et de rapatriement de marins naufragés, frais de passage et de vacations, frais de quarantaine et patentes de santé, frais de sauvetage de munitions navales, confection d'ouvrages à prix fait, affrètements et loyers de bateaux, enfin tous les frais qui ne se classent pas naturellement dans les autres modèles.
Mais on devra dresser un état distinct pour les dépenses afférentes à chaque chapitre ou article de la nomenclature.

MARINE ET COLONIES.

DÉPENSES D'OUTRE-MER.

(2) *L*

commandé par M.

CHAPITRE

ARTICLE

ÉTAT des sommes payées pour (4)

NUMÉROS ET NATURE des pièces produites à l'appui de chaque article.	OBJETS DÉTAILLÉS DE LA DÉPENSE.	MONTANT DE CHAQUE ARTICLE DE DÉPENSE		OBSERVATIONS.
		en monnaie du pays.	en monnaie de France.	

NUMÉROS ET NATURE des pièces produites à l'appui de chaque article.	OBJETS DÉTAILLÉS DE LA DÉPENSE.	MONTANT DE CHAQUE ARTICLE DE DÉPENSE en monnaie du pays.	en monnaie de France.	OBSERVATIONS.
	TOTAUX............			
	A DÉDUIRE les 3 p. o/o des Invalides de la marine..			
	SOMME NETTE.............			

ARRÊTÉ le présent état montant à la somme brute de

A , le 188 .

L'Officier d'administration,

VU et VÉRIFIÉ :

L'Officier chargé du détail,

VU et CERTIFIÉ :

Le Commandant,

La somme nette ci-dessus mentionnée de est comprise dans la traite de ce jour n° délivrée à l'ordre de

A , le 188 .

(1)

Pour acquit : (2)

(1) Le commissaire d'escadre *ou* le commissaire *ou* le sous-commissaire de division, *ou* l'officier d'administration, l'officier chargé du détail, le commandant *ou* le capitaine comptable.

(2) Signature du créancier.

Le reçu du créancier sur le présent état ne sera pas nécessaire lorsqu'il aura donné quittance sur les factures.

PORT (2)

d

NOTA. Ce modèle peut servir pour toutes les fournitures de médicaments, de vivres, de munitions et matières; mais il doit être dressé des états distincts par chapitre et article, suivant la nature des objets fournis.

(1) Indiquer l'espèce et le nom du bâtiment.

(2) Indiquer le port où compte le bâtiment.

(3) Indiquer la localité où la dépense a été effectuée.

(4) Indiquer le nom du fournisseur et ajouter suivant le cas :
Marché de gré à gré en date du
Marché par adjudication publique en date du
Achat sur facture en date du

CIRCULAIRE
du 12 août 1880.

MODÈLE N° 7.

EXERCICE 188 .

Mois d

RADE
ou MOUILLAGE (3)
d

NOTA. On devra stipuler, autant que possible, toutes les fournitures en quantités et monnaies de France.
Dans ce cas, on n'aurait plus à indiquer sur les états les quantités et les monnaies étrangères.
Dans le cas contraire, il est nécessaire de mettre en regard de chaque article de dépense la conversion en monnaie de France.
Toutes les fournitures dont le montant excède 1,000 francs doivent être faites d'après des conventions ou des marchés écrits. (*Décret du 31 mai 1862 sur la comptabilité publique.*)
Lorsque les circonstances ne permettront pas de se conformer à cette règle, on devra le constater par un procès-verbal qui sera mis à l'appui de l'état de dépense.

MARINE ET COLONIES.

DÉPENSES D'OUTRE-MER.

(1) *L*

commandé par M.

CHAPITRE

ARTICLE

ÉTAT des fournitures faites par (4)

NUMÉROS et nombre des pièces jointes.	DÉSIGNATION des OBJETS.	ESPÈCES des UNITÉS.	PRIX d'après LE MARCHÉ.	QUANTITÉS EN POIDS ET MESURES du pays.	QUANTITÉS EN POIDS ET MESURES de France.	MONTANT DE CHAQUE ARTICLE de dépense en monnaie du pays.	MONTANT DE CHAQUE ARTICLE de dépense en monnaie de France.	TOTAL.	OBSERVATIONS.
1	2	3	4	5	6	7	8	9	10
									Détail des pièces jointes au présent état.

NUMÉROS et nombre des pièces jointes. 1	DÉSIGNATION des OBJETS. 2	ESPÈCES des UNITÉS. 3	PRIX d'après LE MARCHÉ. 4	QUANTITÉS EN POIDS ET MESURES du pays. 5	de France. 6	MONTANT DE CHAQUE ARTICLE de dépense en monnaie du pays. 7	en monnaie de France. 8	TOTAL. 9	OBSERVATIONS. 10
				TOTAUX.....					
A DÉDUIRE les 3 p. o/o des Invalides de la marine..............									
SOMME NETTE..........................									

L   chargé du détail et l'Officier d'administration certifient que les objets et quantités mentionnés au présent état ont été reçus à bord.

Rade *ou* Mouillage de   le   188 .

L'Officier chargé du détail,   *L'Officier d'administration,*

Pris en charge les quantités ci-dessus détaillées.

Le

VU et CERTIFIÉ :
Le Commandant,

ARRÊTÉ le présent état montant à la somme brute de   et à celle nette de
comprise dans la traite de ce jour, n°   , délivrée à l'ordre de

A   , le   188 .

(1)

Pour acquit (2) :

(1) Le commissaire d'escadre, le commissaire *ou* le sous-commissaire de division, *ou* l'officier d'administration, l'officier chargé du détail, le commandant *ou* le capitaine comptable.

(2) Signature du fournisseur.

Le reçu du fournisseur sur le présent état ne sera pas nécessaire lorsqu'il aura donné quittance sur les factures.

(1)

(1) Indiquer ici la localité où la dépense a été effectuée.

(2) Indiquer l'espèce et le nom du bâtiment.

Nota. Joindre à l'appui du présent état les certificats authentiques de change, copies ou extraits des conventions spéciales passées avec les bailleurs de fonds.

MARINE ET COLONIES.

DÉPENSES D'OUTRE-MER.

CIRCULAIRE du 12 août 1880.

Modèle n° 8.

EXERCICE 188 .

Mois d

(2) L

commandé par M.

(3) Chapitre

Article

(3) On devra consulter, pour le classement de la dépense résultant de la perte au change des monnaies étrangères, les budgets et les nomenclatures de l'exercice auquel la dépense est imputable.

État contatant la perte au change des monnaies étrangères employées aux payements de solde et accessoires de la solde faits à l'état-major et à l'équipage.

INDICATION des ÉTATS DE PAYEMENT.	QUOTITÉ DES MONNAIES étrangères employées.	MONTANT DES PAYEMENTS CALCULÉS		DIFFÉRENCE CONSTITUANT la perte à la charge du Trésor.	OBSERVATIONS.
		d'après la valeur intrinsèque des monnaies, à fr. c.	au cours du change ou d'après les conventions avec les bailleurs de fonds, à fr. c.		
1	2	3	4	5	6

INDICATION des ÉTATS DE PAYEMENT.	QUOTITÉ DES MONNAIES étrangères employées.	MONTANT DES PAYEMENTS CALCULÉS d'après la valeur intrinsèque des monnaies, à fr. c.	au cours du change ou d'après les conventions avec les bailleurs de fonds, à fr. c.	DIFFÉRENCE CONSTITUANT la perte à la charge du Trésor.	OBSERVATIONS.
1	2	3	4	5	6
	TOTAL NET.................				
	A AJOUTER les 3 p. o/o à l'infini..				
	TOTAL BRUT................				

ARRÊTÉ le présent état à la somme brute de

A , le 188 .

L'Officier d'administration,

VU et VÉRIFIÉ,
L'Officier chargé du détail,

VU et CERTIFIÉ:
Le Commandant,

La somme nette ci-dessus mentionnée de
est comprise dans la traite de ce jour n° délivrée à l'ordre de

A , le 188 .

(1)

(1) Le commissaire d'escadre, le commissaire *ou* le sous-commissaire de division *ou* l'officier d'administration, l'officier chargé du détail, le commandant *ou* e capitair e comptable.

(1)

(1) Indiquer ici la localité.

(2) Indiquer l'espèce et le nom du bâtiment.

NOTA. On joindra, à l'appui du présent état, des certificats authentiques du change, ainsi que les copies ou extraits des conventions faites avec les bailleurs de fonds.

Les pièces justificatives de l'emploi des bénéfices seront distinctes de celles qui sont à produire pour les dépenses acquittées en traites, mais devront être transmises à Paris en même temps que ces dernières.

MARINE ET COLONIES.

DÉPENSES D'OUTRE-MER.

CIRCULAIRE du 12 août 1880.

MODÈLE N° 9.

EXERCICE 188 .

Mois d

(2) *L*

commandé par M.

RECETTE.

ÉTAT constatant le bénéfice obtenu sur les monnaies employées aux payements de solde et accessoires de la solde faits à l'état-major et à l'équipage.

INDICATION des ÉTATS DE PAYEMENT.	QUOTITÉ DES MONNAIES étrangères employées.	MONTANT DES PAYEMENTS CALCULÉS		BÉNÉFICE AU PROFIT du Trésor. — (Art. 246 du règlement du 14 janvier 1869.)	OBSERVATIONS.
		d'après la valeur intrinsèque des monnaies, à fr. c.	au cours du change ou d'après les conventions avec les bailleurs de fonds, à fr. c.		
1	2	3	4	5	6

INDICATION des ÉTATS DE PAYEMENT.	QUOTITÉ DES MONNAIES étrangères employées.	MONTANT DES PAYEMENTS CALCULÉS		BÉNÉFICE AU PROFIT du Trésor. — (Art. 246 du règlement du 14 janvier 1869.)	OBSERVATIONS.
		d'après la valeur intrinsèque des monnaies, à fr. c.	au cours du change ou d'après les conventions avec les bailleurs de fonds, à fr. c.		
1	2	3	4	5	6

(1) Le commissaire d'escadre, ou le Commissaire, ou le Sous-Commissaire de division, ou l'Officier d'administration, l'Officier chargé du détail, le Commandant, ou le capitaine comptable.

ARRÊTÉ le présent état à la somme de
montant du bénéfice résultant du change des monnaies étrangères
employées en payement de solde et accessoires de solde.

A   , le   188 .

(1)

(Indiquer ici la localité).

M.

adjudicataire.

CIRCULAIRE du 12 août 1880.

Modèle n° 10.

Date du marché :

Approbation notifiée le (2)

MARINE ET COLONIES.

DÉPENSES D'OUTRE-MER.

(1)

CAHIER

des conditions particulières relatives à l'adjudication de la fourniture d(3) *à livrer*(4)
à (5)

ARTICLE PREMIER.

La présente adjudication a pour effet la fourniture (3)
à livrer (4) à (5)

L'adjudication aura lieu, avec concurrence et publicité, le à heures , en la chancellerie du Consulat de

Les soumissions seront déposées cachetées; elles seront conformes au modèle joint au présent cahier des charges.

(6)

Le soumissionnaire qui aura présenté les offres les plus avantageuses sera déclaré adjudicataire.

---

(1) Nom de l'escadre, de la division navale *ou* du bâtiment.

(2) Le Commissaire d'escadre, *ou* le Commissaire, *ou* le Sous-Commissaire de division, *ou* l'Officier d'administration.

(3) Du matériel, des vivres, etc.

(4) Sur rade de

(5) Nom du *ou* des bâtiments.

(6) Dans le cas d'une adjudication publique restreinte (art. 71 du décret du 31 mai 1862 sur la comptabilité publique), on écrirait à la main, dans l'espace laissé en blanc à l'article 1er, la clause suivante : « Ne seront admis à concourir que les négociants qui se présen- « teront munis d'une autorisation délivrée à cet effet par M. le Consul de France. »

ART. 2.

Les offres des soumissionnaires devront être faites pour l'ensemble de la fourniture. Celles qui ne comprendraient qu'une partie des articles qui la composent seront écartées.

Dans les soumissions, les prix seront exprimés en (1)
en prenant pour base l'unité exprimée en regard de chaque article; la fourniture sera adjugée pour (2)

ART. 3.

(3)

ART. 4.

(4)

ART. 5.

Tous les articles à livrer en vertu du présent marché seront de première qualité.

Ils seront soumis à l'examen d'une commission qui les refusera lorsqu'ils ne réuniront pas les qualités requises.

Les articles rebutés seront immédiatement remplacés par le fournisseur, sous peine de les voir acheter à ses frais et risques.

---

(1) Stipuler, autant que possible, en mesures et monnaies de France.

(2) Indiquer la durée du marché.

(3) Cet article indiquera si l'on admet des offres de rabais d'au moins 10 p. o/o sur les prix de l'adjudication, et dans quel délai ces offres devront être déposées.

(4) Indiquer dans cet article les conditions particulières de la fourniture.

ART. 6.

L'importance de la fourniture (1)

ART. 7.

Les commandes seront faites par l'administration du bord. L'adjudicataire sera tenu d'y satisfaire dans un délai de

ART. 8.

Les livraisons s'effectueront à bord, où les quantités seront constatées en présence du fournisseur ou de son délégué.

Les droits de douane et d'octroi, les frais de transport et autres, et généralement tous les frais atteignant la fourniture jusqu'au moment de la livraison à bord, seront à la charge de l'adjudicataire.

ART. 9.

Le montant des fournitures sera payé au fournisseur sur factures dressées par lui, et au moyen d'une traite, à un mois de vue, sur le Caissier-Payeur central du Trésor public, à Paris.

ART. 10.

Conformément à la loi de finances du 8 juillet 1852, tous les payements à faire en vertu du présent traité seront passibles de la retenue de 3 p. 0/0 au profit de la Caisse des Invalides de la marine.

ART. 11.

Le présent marché n'aura d'effet qu'après avoir été revêtu de l'approbation du (2) commandant (3)

ART. 12.

(4)

---

(1) Demeure indéterminée, *ou* sera conforme aux indications données par le modèle de soumission.

(2) Grade.

(3) En chef, *ou* la division navale, *ou* le bâtiment.

(4) Indiquer ici, s'il y a lieu, que l'adjudicataire sera tenu de faire imprimer, à ses frais, et dans un délai de un certain nombre d'exemplaires du marché.

ART. 13.

Toutes les contestations qui pourraient surgir à l'occasion de l'exécution du présent traité, seront réglées administrativement, jugées en dernier ressort et sans appel, par le (1) commandant (2) , qui pourra prononcer la résiliation du présent contrat dans le cas de plaintes fondées.

Rade de , le 188 .

Le (3)

APPROUVÉ :

Le (4)

(5)

---

(1) Grade.

(2) En chef, *ou* la division navale, *ou* le bâtiment.

(3) Le Commissaire d'escadre, *ou* le Commissaire, *ou* le Sous-Commissaire de division, *ou* l'Officier d'administration.

(4) Grade.

(5) Commandant en chef l'escadre *ou* la division navale, *ou* Chef de la division navale, *ou* Commandant le (nom du bâtiment).

PROCÈS-VERBAL D'ADJUDICATION.

Aujourd'hui 188 , à , en présence de M. , Consul de France,
(1)
la Commission nommée par M.
(2)
et composée de
MM.

(1) Quand il y a lieu : Le commissaire d'escadre, *ou* le commissaire, *ou* le sous-commissaire de la division navale, assisté de

(2) Commandant en chef l'escadre, *ou* la division navale, *ou* chef de la division navale, *ou* nom du bâtiment.

a procédé à l'adjudication de la fourniture
pour

Le dépouillement des soumissions, déposées à l'ouverture de la séance a donné les résultats suivants :

M. offre de se charger de la fourniture

M ayant offert les prix les plus avantageux (3), l déclaré adjudicataire provisoire , sous réserve de l'approbation du (4) (5) , et ce négociant signé le présent procès-verbal après lecture.

(3) La commission, *ou* le commissaire d'escadre, *ou* le commissaire, *ou* le sous-commissaire de la division navale.

(4) Grade.

(5) Commandant en chef l'escadre, *ou* la division navale, *ou* commandant le bâtiment.

(6) Quand il y a lieu : Le commissaire d'escadre *ou* le commissaire *ou* le sous-commissaire de la division navale.

A , le 188 .

L Adjudicataire *Le* (6)

Le Consul de France, *Les Membres de la Commission,*

Approuvé :

Le commandant,

SOUMISSION.

soussigné négociant à
soumet et engage envers M. le
commandant stipulant au nom de l'État, à fournir
et livrer à aux clauses et conditions qui précèdent,
et aux prix ci-après, savoir :

NUMÉROS D'ORDRE.	NOMENCLATURE.	ESPÈCE des UNITÉS.	PRIX en CHIFFRES.	PRIX EN TOUTES LETTRES.	QUANTITÉS à LIVRER.	APPLICATION DES PRIX aux quantités.

NUMÉROS D'ORDRE.	NOMENCLATURE.	ESPÈCE des UNITÉS.	PRIX en CHIFFRES.	PRIX EN TOUTES LETTRES.	QUANTITÉS à LIVRER.	APPLICATION DES PRIX aux quantités.

NUMÉROS D'ORDRE.	NOMENCLATURE.	ESPÈCE des UNITÉS.	PRIX en CHIFFRES.	PRIX EN TOUTES LETTRES.	QUANTITÉS à LIVRER.	APPLICATION DES PRIX aux quantités.

déclar avoir pris connaissance du cahier des conditions particulières auquel engage à conformer.

le 188 .

(Indiquer ici la localité.)

CIRCULAIRE
du 12 août 1880.

MODÈLE N° 11.

MARINE ET COLONIES.

DÉPENSES D'OUTRE-MER.

MARCHÉ

pour fournitures (1)

AVEC RETENUE DES *TROIS POUR CENT.*

CEJOURD'HUI 188 , à en présence de M. consul de France
(2)
la Commission nommée par M. , commandant
(3)
et composée de
MM.

Tous faisant partie de l'état-major de ; ladite Commission réunie à l'effet (4) à l'adjudication de la fourniture pour

Oui le S[r] dans ses offres;

Après en avoir délibéré, lesdites offres ayant paru devoir être acceptées, dans l'intérêt du Trésor public,

(5) a arrêté ce qui suit :

ARTICLE PREMIER.

A dater du 188 , la fourniture à livrer à est adjugée audit sieur aux prix et conditions ci-après :

Le S[r] s'engage à fournir, pendant toute la durée du présent marché,

SAVOIR

(1) De médicaments, de vivres, de munitions navales ou autres.

(2) Quand il y a lieu :
Le commissaire d'escadre *ou* le commissaire *ou* le sous-commissaire de la division navale, assisté de

(3) L'escadre, la division *ou* nom du bâtiment.

(4) De procéder *ou* d'assister.

(5) La commission *ou* le commissaire d'escadre, *ou* le commissaire, *ou* le sous-commissaire de la division navale.

Nota. Stipuler, autant que possible, en quantités et monnaies de France; les indiquer en toutes lettres.

SAVOIR :

ART. 2.

Les devront être de première qualité, et seront soumis à l'examen d'une commission du bord, qui les rebutera lorsqu' ne réuniront pas les qualités requises. Les objets rejetés resteront à la charge du fournisseur, qui sera tenu de les remplacer immédiatement, sous peine de les voir acheter à ses frais et risques.

ART. 3.

Les demandes seront faites par l'officier d'administration, selon les besoins

elles devront être revêtues de sa signature, de celle de l'officier chargé du détail, et visées par le commandant.

ART. 4.

Tous les droits de douanes et d'octroi, les frais de transports et autres, seront à la charge du soumissionnaire.

ART. 5.

Il ne sera accordé aucune commission au fournisseur sur le montant de ses fournitures ni sur ses avances d'argent.

ART. 6.

Les prix de fournis en vertu du présent marché, seront passibles de la retenue de 3 p. o/o au profit de la caisse des Invalides de la marine, conformément aux dispositions de la loi de finances du 8 juillet 1852.

ART. 7.

Pour assurer l'accomplissement des conditions du présent marché, le soumissionnaire déclare engager ses biens présents et futurs.

ART. 8.

Le montant des fournitures sera payé au fournisseur sur factures dressées par lui et au moyen d'une traite, à un mois de vue, sur le Caissier-Payeur central du Trésor public, à Paris.

ART. 9.

Le présent marché sera exécutoire à partir du
jusqu'au

Fait en (1) expédition, à le

(1) Double ou tri- . (Circulaires du novembre 1869, *Bull. off.* de 1871, sem., page 302, du 9 septembre 78, *Bull. off.*, 381.).

Les Membres de la Commission,

Le Fournisseur,

Vu et APPROUVÉ :
Le Commandant,

Vu :
Le *Consul* *de France,*

NOTA. Deux ampliations certifiées du présent marché seront adressées au département de la Marine, à l'appui du premier état de livraison, indépendamment de la ou des ampliations dont l'envoi est prescrit par la circulaire du 24 novembre 1869. (*Bull. off.* de 1871, 1er sem., page 302.)

Pour les livraisons subséquentes, il n'est pas nécessaire de joindre une nouvelle ampliation du marché, mais on devra indiquer avec soin sur l'état de dépenses l'envoi auquel cette pièce a été rattachée.

Lorsque le marché devra être appliqué aux dépenses d'un exercice suivant, on mettra une nouvelle ampliation certifiée à l'appui du premier état de livraison de cet exercice.

MODÈLE N° 12.

COLONIE

d ____________

ARRÊTÉ

du ____________

Chap.		fr.	c.
——	Cartes et plans......		
——	États-majors........		
——	Troupes		
——	Corps entretenus		
——	Maistrance, etc		
——	Vivres............		
——	Hôpitaux..........		
——	Salaires d'ouvriers...		
——	Approv. généraux....		
——	Trav. hydrauliques ..		
——	Justice maritime.....		
——	Frais d'impressions..		
——	Frais de voyage.....		
——	Dépenses diverses....		
	Somme égale........		

Enregistré au bureau des fonds de la colonie,

le ____________

MARINE ET COLONIES.

EXERCICE 18___.

GESTION 18___.

ÉMISSION DE TRAITES

EN REMBOURSEMENT D'AVANCES FAITES AU SERVICE MARINE.

Mois d ____________

N° ______

AVIS ESSENTIEL.

Cette traite doit être présentée à l'acceptation au Ministère de la Marine (Bureau des dépenses d'outre-mer, de 10 heures à 2 heures).

PREMIÈRE

A ____________, le ____________ 18___.

A un mois de vue, je vous prie de payer, pour le compte de l'Agent comptable des traites de la Marine, *et après acceptation du Ministre de la Marine et des Colonies,* à mon ordre, par cette Première de change (la Deuxième ne l'étant), la somme de ____________ de laquelle je promets de me charger en recette dans le compte de la gestion courante.

Le Trésorier-Payeur de la colonie,

Vu par l'Ordonnateur.

Vu :

Vu et approuvé par

le ____________

L'Inspecteur des Services administratifs et financiers de la Marine et des Colonies,

Accepté, le ____________ 18___.

pour la somme de ____________

Vu bon à payer, le ____________ 18___.

L'Agent comptable des traites de la Marine,

Le Ministre de la Marine et des Colonies,

A M. le Caissier-Payeur central du Trésor public, à Paris.

MODÈLE N° 13.

TRAITE DE BORD.

NUMÉRO DE SOUCHE :

EXERCICE 18 __ .

NUMÉRO DE LA SÉRIE D'ÉMISSION :

Nota. Le numéro d'émission doit être le même pour le *primata* et pour le *duplicata*.
Recommencer la série au renouvellement de chaque exercice.

AVIS ESSENTIEL.

Cette traite doit être présentée à l'acceptation au Ministère de la Marine (*Bureau des dépenses d'outre-mer, de 10 heures à 2 heures*)

Elle est exempte, en France, du droit de timbre.

IMPUTATION.

		fr. c.
Chap.	Dépôt des cartes et plans..	
——	États-majors et équipages.	
——	Troupes................	
——	Corps entretenus, etc....	
——	Maistrance, gardiennage, etc..................	
——	Vivres..................	
——	Hôpitaux................	
——	Salaires d'ouvriers.......	
——	Approvisionnements généraux de la flotte......	
——	Travaux hydrauliques et bâtiments civils........	
——	Justice maritime........	
——	Frais généraux d'impression, etc..............	
——	Frais de voyage, de rapatriement, de pilotage...	
——	Dépenses diverses.......	
	Total...........	

(1) La somme doit être écrite en toutes lettres de la main du Commandant.
(2) Le confectionnaire de la traite doit s'abstenir de remplir ces deux lignes.

MARINE ET COLONIES.

Lieu de relâche ou de la station.
(__________) *L* __________

Commandé par M. __________

Francs __________

Le __________ 18 __ .

Monsieur, à un mois de vue, par cette __________ de change, la __________ ne l'étant, je vous prie de payer à l'ordre de M. __________, pour le compte de l'Agent comptable des traites de la Marine, la somme de __________ de laquelle je me charge en recette dans mes comptes.

Le Commissaire de __________ .

(1) Vu et approuvé pour la somme de __________

Le __________ *Commandant,*

(2) Accepté le __________ 18 __ , pour la somme de __________

Le Ministre de la Marine et des Colonies,

Vu bon à payer, le __________ 18__ .

L'Agent comptable des traites de la Marine,

A M. le Caissier-Payeur central du Trésor public, à Paris.

DÉPENSES DE LA FLOTTE.

AVIS DE TRAITE.

NUMÉRO DE SOUCHE :

EXERCICE 18__ .

NUMÉRO DE LA SÉRIE D'ÉMISSION :

Le __________ commandant __________ a l'honneur d'informer Monsieur le Ministre de la Marine et des Colonies qu'il a émis de __________ aujourd'hui __________ 18 __ , conjointement avec le commissaire de __________ à l'ordre de __________ sur le Caissier-Payeur central du Trésor public, agissant pour le compte de l'Agent comptable des traites de la Marine, une traite de la somme de __________ laquelle est imputable ainsi qu'il suit :

		Fr. c.
Chap.	Dépôt des cartes et plans..	
——	États-majors et équipages.	
——	Troupes................	
——	Corps entretenus, etc....	
——	Maistrance, gardiennage, etc..................	
——	Vivres..................	
——	Hôpitaux................	
——	Salaires d'ouvriers.......	
——	Approvisionnements généraux de la flotte.......	
——	Travaux hydrauliques et bâtiments civils.........	
——	Justice maritime........	
——	Frais généraux d'impression, etc..............	
——	Frais de voyage, de rapatriement, de pilotage...	
——	Dépenses diverses.......	
	Total...........	

Signatures des tireurs :

MODÈLE N° 14.

TRAITE DE BORD.

NUMÉRO DE SOUCHE :

EXERCICE 18 ___.

NUMÉRO DE LA SÉRIE D'ÉMISSION :

NOTA. Le numéro d'émission doit être le même pour le *primata* et pour le *duplicata*.
Recommencer la série au renouvellement de chaque exercice.

AVIS ESSENTIEL.

Cette traite doit être présentée à l'acceptation au Ministère de la Marine (*Bureau des dépenses d'outre-mer, de 10 heures à 2 heures.*)
Elle est exempte, en France, du droit de timbre.

IMPUTATION.

CHAP.		fr. c.
	Dépôt des cartes et plans.	
___	États-majors et équipages.	
___	Troupes	
___	Corps entretenus, etc....	
___	Maistrance, gardiennage, etc..............	
___	Vivres..............	
___	Hôpitaux..............	
___	Salaires d'ouvriers.......	
___	Approvisionnements généraux de la flotte.......	
___	Travaux hydrauliques et bâtiments civils........	
___	Justice maritime........	
___	Frais généraux d'impression..............	
___	Frais de voyage, de rapatriement, de pilotage...	
___	Dépenses diverses	
	TOTAL.........	

(A) La somme doit être écrite en toutes lettres, de la main du Commandant.
(B) Le confectionnaire de la traite doit s'abstenir de remplir ces deux lignes.

MARINE ET COLONIES.

Lieu de relâche ou de la station. (______) Port d'armement. (______)

L ______

Commandé par M. ______

Francs ______

Le ______ 18 ___.

MONSIEUR, à un mois de vue, par cette ______ de change, la ______ ne l'étant, je vous prie de payer à l'ordre de M. ______, pour le compte de l'Agent comptable des traites de la Marine, la somme de ______ de laquelle je me charge en recette dans mes comptes.

VU et VÉRIFIÉ : *L'Officier d'administration,*

L'Officier chargé du détail,

(A) VU et APPROUVÉ pour la somme de ______

Le Commandant,

Accepté le ______ 18 ___, pour (B) la somme de ______

Le Ministre de la Marine et des Colonies,

Vu bon à payer, le ______ 18 ___.

L'Agent comptable des traites de la Marine,

A M. le Caissier-Payeur central du Trésor public, à Paris.

DÉPENSES DE LA FLOTTE.

AVIS DE TRAITE.

NUMÉRO DE SOUCHE :

EXERCICE 18 ___.

NUMÉRO DE LA SÉRIE D'ÉMISSION :

Le ______ commandant ______ à l'honneur d'informer Monsieur le Ministre de la Marine et des Colonies qu'il a émis de ______ aujourd'hui ______ 18 ___, conjointement avec l'officier chargé du détail et l'officier d'administration, à l'ordre de M. ______, sur le Caissier-Payeur central du Trésor public, agissant pour le compte de l'Agent comptable des traites de la Marine, une traite de la somme de ______ laquelle est imputable ainsi qu'il suit :

CHAP.		fr. c.
	Dépôt des cartes et plans.	
___	États-majors et équipages.	
___	Troupes..............	
___	Corps entretenus, etc....	
___	Maistrance, gardiennage, etc..............	
___	Vivres..............	
___	Hôpitaux..............	
___	Salaires d'ouvriers.......	
___	Approvisionnements généraux de la flotte.......	
___	Travaux hydrauliques et bâtiments civils........	
___	Justice maritime........	
___	Frais généraux d'impression, etc..............	
___	Frais de voyage, de rapatriement, de pilotage.	
___	Dépenses diverses.......	
	TOTAL..........	

Signatures des tireurs :

MODÈLE N° 15.

TRAITES CONSULAIRES.

NUMÉRO DE SOUCHE :

EXERCICE 18 __ .

NUMÉRO DE LA SÉRIE D'ÉMISSION :

NOTA. Le numéro d'émission doit être le même pour le *primata* et pour le *duplicata*. Recommencer la série au renouvellement de chaque exercice.

AVIS ESSENTIEL.

Cette traite doit être présentée à l'acceptation au Ministère de la Marine (*Bureau des dépenses d'outre-mer de 10 heures à 2 heures.*)

Elle est exempte, en France, du droit de timbre.

(A)

IMPUTATION.

CHAP. ...
— ...
— ...
— ...
— ...

TOTAL...........

(A) Le montant de la traite devra être réparti entre les divers chapitres auxquels la dépense est imputable.

(B) La somme doit être écrite en toutes lettres, de la main du Consul.

(C) Le confectionnaire de la traite doit s'abstenir de remplir ces trois lignes.

MARINE ET COLONIES.

CONSULAT DE FRANCE A ....

Francs ....

A ...., le .... 18 ...

MONSIEUR, à un mois de vue, par cette .... de change, la .... ne l'étant, je vous prie de payer à l'ordre de M. ...., pour le compte de l'Agent comptable des traites de la Marine, la somme de (B) ....

de laquelle je me charge en recette dans mes comptes.

Le Consul de France,

(C) Accepté le .... 18 ..., pour la somme de ....

Le Ministre de la Marine et des Colonies,

Vu bon à payer, le .... 18 ...

L'Agent comptable des traites de la Marine,

A M. le Caissier-Payeur central du trésor public, à Paris.

DÉPENSES DE LA MARINE.

AVIS DE TRAITE

NUMÉRO DE SOUCHE :

EXERCICE 18 .

NUMÉRO DE LA SÉRIE D'ÉMISSION :

Le Consul de France à
a l'honneur d'informer M. le Ministre de la Marine et des Colonies qu'il a émis aujourd'hui 18 , sous le n° , sur le Caissier-Payeur central du Trésor public, agissant pour le compte de l'Agent comptable des traites de la Marine, en acquit des dépenses effectuées sur l'exercice 18 , une traite de la somme de ....
laquelle est imputable ainsi qu'il suit :

CHAP. ...
— ...
— ...
— ...
— ...

TOTAL...........

Signature du tireur :

NOTA. Le tireur devra saisir l'occasion la plus prompte pour adresser cet avis au Ministre avec les pièces justificatives à l'appui.

(1)

CIRCULAIRE
du 12 août 1880.

MODÈLE n° 16.

MARINE ET COLONIES.

(1) Indiquer le nom de la division, du bâtiment, de la colonie ou du consulat.

DÉPENSES D'OUTRE-MER.

EXERCICE 188

Mois de

ÉTAT faisant connaître les dépenses acquittées par le service Marine à charge de remboursement.

NOTA. Les avances de cette nature sont remboursables les unes sur place et les autres dans la métropole.

Pour les premières, celles remboursables sur place, il conviendra de faire connaître les mesures prises en vue de leur remboursement et, si elles avaient été versées en totalité ou en partie, d'en fournir la preuve. (Récépissés, déclarations de versement, etc.)

Pour les secondes, celles à recouvrer en France, le présent état devra être accompagné de tous les renseignements propres à en faciliter le recouvrement.

Les colonnes 3 et 4 ne sont à remplir que par les Colonies.

ANNÉE 188 .

TRAITES.		MANDATS.		CHAPITRES.	NOMS ET PRÉNOMS des PARTIES PRENANTES.	QUALITÉS.	MOTIFS DES DÉPENSES	MONTANT DES DÉPENSES.			OBSERVATIONS. Nota. — Pour les marins du commerce, indiquer leur provenance, ainsi que leurs quartier, folio et numéro d'inscription.
DATES.	NUMÉROS.	DATES.	NUMÉROS.					SOMME BRUTE.	3 p. o/o.	SOMME NETTE.	
1	2	3	4	5	6	7	8	9	10	11	12

Arrêté le présent état montant à la somme nette de

A , le 188 .

(1)

CIRCULAIRE
du 12 août 1880.

Modèle n° 17.

(1) Indiquer ici la localité.

(2) Indiquer l'espèce et le nom du bâtiment.

Nota. Toutes les pièces en langue étrangère devront être accompagnées d'une traduction authentique. (Circulaire du 22 avril 1841.)

Produire exactement les certificats de change à l'appui de toutes les conversions de monnaies étrangères en monnaies de France.

MARINE ET COLONIES.

DÉPENSES D'OUTRE-MER.

EXERCICE 188 .

Mois d

(2) *L*

commandé par M.

ÉTAT RÉCAPITULATIF

des dépenses effectuées pour le service de

DÉPENSES.							PAYEMENTS effectués en traites.			OBSERVATIONS.
CHAPITRES.	NUMÉROS des états.	NOMBRE des pièces à l'appui.	MONTANT de chaque état.	TOTAL BRUT par chapitres.	DÉDUCTION des 3 et 5 p. o/o des Invalides d'après le montant brut par chapitres.	MONTANT net par chapitres.	NUMÉROS et dates.	ORDRE.	MONTANT.	
1	2	3	4	5	6	7	8	9	10	11

DÉPENSES.							PAYEMENTS EFFECTUÉS EN TRAITES.			OBSERVATIONS.
CHAPITRES.	NUMÉROS des états.	NOMBRE des pièces à l'appui.	MONTANT de chaque état.	TOTAL BRUT par chapitres.	DÉDUCTION des 3 et 5 p. 0/0 des invalides d'après le montant brut par chapitres.	MONTANT net par chapitres.	NUMÉROS et dates.	ORDRE.	MONTANT.	
1	2	3	4	5	6	7	8	9	10	11

ARRÊTÉ le présent état récapitulatif, montant à la somme nette de

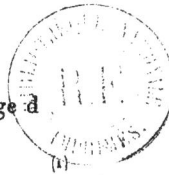

Rade *ou* mouillage à , le 188 .

(1)

(1) Le commissaire d'escadre *ou* le commissaire *ou* le sous-commissaire de division, *ou* l'officier d'administration, l'officier chargé du détail, le commandant *ou* le capitaine comptable.

www.ingramcontent.com/pod-product-compliance
Lightning Source LLC
Chambersburg PA
CBHW072020290326
41934CB00009BA/2135
9782014496161